PRIMERA SUDAMERICANA

Dirección de colección:
Canela
(Gigliola Zecchin)

Gerente de producción:
Stella Maris Gesteiro

Diseño de colección:
Helena Homs

Diseño gráfico:
Ariana Jenik

Investigación y selección literaria: Marta Prada

Fotografía de pág. 27: cortesía de Galería Praxis

Moledo, Leonardo
La leyenda de las estrellas / Leonardo Moledo y Marta Prada ; ilustrado por Daniel Roldán y Luciana Fernández - 2ª ed. - Buenos Aires : Sudamericana, 2010.
32 p. : ilustr. ; 25x19 cm (Cuentamérica Naturaleza)

ISBN 978-950-07-2834-8

1. Narrativa Infantil Argentina. I. Roldán, Daniel, ilustr. II. Luciana Fernández, ilustr. III. Título
CDD A863.928 2

Primera edición: julio de 2007
Segunda edición: febrero de 2010

Impreso en la Argentina.

Queda hecho el depósito que previene la ley 11.723.

Humberto Iº 531, Buenos Aires, Argentina.

ISBN 978-950-07-2834-8

www.rhm.com.ar

Esta edición de 2.000 ejemplares se terminó de imprimir en Crigraf S.A., Suipacha 3344, Remedios de Escalada, en el mes de febrero de 2010.

La Leyenda de las Estrellas

Leyenda: Leonardo Moledo
Texto informativo: Marta Prada

Ilustraciones: Daniel Roldán
Ilustraciones en plastilina: Luciana Fernández

La Leyenda de las Estrellas

Para los mocovíes, el cielo no es algo lejano e inalcanzable, sino que está muy cerca. Empieza ahí nomás, en la copa de los árboles, y es un lugar muy frío, donde habitan seres poderosos que le dieron al mundo su forma y todos los bichos que viven en él: el mataco, la mariposa, los ratones, el guazuncho. Al principio, cuando el mundo era joven, el cielo estaba oscuro; no había luces, los hombres aún no tenían fuego, no podían cocinar, y no se diferenciaban mucho de los animales.

OCURRIÓ QUE UN DÍA CACARÉ, EL CARANCHO, AL QUE TODOS DESPRECIABAN PORQUE COMÍA ANIMALES MUERTOS, MIENTRAS ANDABA VOLANDO POR TODAS PARTES VIO UN TOLDO DE DONDE SALÍA HUMO Y SE ACERCÓ A VER QUÉ ERA. Y AHÍ FUE CUANDO SE ENCONTRÓ CON QUE EN ESE TOLDO VIVÍA UNA VIEJITA MUY SOLITARIA QUE SÍ TENÍA FUEGO.

LA VIEJITA LO GUARDABA ESCONDIDO PARA NO COMPARTIRLO CON NADIE.

Y CACARÉ DECIDIÓ ROBÁRSELO, PERO... ¿CÓMO HACERLO? DE REPENTE TUVO UNA IDEA: SE METIÓ EN EL RÍO Y APARECIÓ FRENTE AL TOLDO, TODO MOJADO Y TIRITANDO.

–MIRÁ CÓMO ESTOY –LE DIJO–. ¿PUEDO ACERCARME AL FUEGO PARA CALENTARME?

ELLA LO MIRÓ DESCONFIADA, PERO AL FINAL LO DEJÓ PASAR DICIÉNDOLE QUE NO SE ACERCARA AL FOGÓN.

CACARÉ SE QUEDÓ MUY QUIETO EN UN RINCÓN, PERO CADA VEZ QUE LA VIEJITA SE DABA VUELTA, ÉL SE ACERCABA DESPACIO HASTA LAS BRASAS. CUANDO ESTUVO MUY MUY CERCA, ¡ZAS!, EN UN DESCUIDO SE APODERÓ CON SU PICO DE DOS TIZONES Y SALIÓ VOLANDO.

–¡EH! ¡EH! ¡LADRÓN SINVERGÜENZA! –EMPEZÓ A GRITAR LA VIEJA–. ¡AYÚDENME A ATRAPAR AL LADRÓN! –GRITABA TANTO QUE TODOS LOS PÁJAROS VECINOS SALIERON A VER QUÉ PASABA, Y EMPEZARON A PERSEGUIR AL CARANCHO.

EL ASTUTO CACARÉ VOLABA Y AL MISMO TIEMPO

AVENTABA CON SUS ALAS LOS TIZONES DE SU PICO PARA QUE SALTARAN CHISPAS Y MOLESTARAN A SUS PERSEGUIDORES. CUANTO MÁS SE LE ACERCABAN LOS OTROS PÁJAROS, MÁS RÁPIDO MOVÍA ÉL SUS ALAS Y LAS CHISPAS VOLABAN POR TODOS LADOS ILUMINANDO LA NOCHE. TANTAS CHISPAS LANZÓ CACARÉ QUE AL FIN, CUANDO SE APOYÓ EN EL TRONCO DE UN ÁRBOL PARA DESCANSAR, SE DIO CUENTA DE QUE LOS TIZONES SE HABÍAN APAGADO Y ÉL SE HABÍA QUEDADO SIN FUEGO.

SE PUSO MUY TRISTE, AUNQUE CUANDO MIRÓ HACIA ABAJO VIO QUE POR TODAS PARTES RESPLANDECÍAN HOGUERAS

PORQUE LOS MOCOVÍES HABÍAN IDO JUNTANDO LAS CHISPAS QUE CAÍAN AL SUELO Y CON ELLAS ENCENDIERON BELLÍSIMOS FUEGOS. ES POR ESO QUE DESDE ENTONCES LOS HOMBRES TIENEN FUEGO PARA COCINAR, Y LOS ANIMALES NO.

ESO VIO EL PÁJARO CUANDO MIRÓ AL SUELO, PERO CUANDO MIRÓ HACIA ARRIBA VIO ALGO TODAVÍA MÁS MARAVILLOSO: LAS CHISPAS QUE HABÍAN SUBIDO AL CIELO

LO HABÍAN LLENADO DE ESTRELLAS. MUCHAS SE JUNTARON FORMANDO UN ANCHO CAMINO LUMINOSO QUE NO LLEVA A NINGUNA PARTE Y LLEVA A TODAS PARTES. ES EL NAYIC, LA VÍA LÁCTEA, QUE DESDE ENTONCES LES SIRVE A LOS HOMBRES PARA ORIENTARSE EN LA NOCHE Y MARCAR EL PASO DEL TIEMPO.

TAMBIÉN DICEN
QUE ALGUNAS ESTRELLAS
FORMABAN LA FIGURA DE UN
ALGARROBO QUE SE
DESPLEGABA ENTERO EN EL CIELO Y ERA EL
PADRE DE TODOS LOS ALGARROBOS

...Y QUE OTRAS ESTRELLAS FORMAN EL TRONCO DEL PALO BORRACHO.

Y UNAS PEQUEÑAS ESTRELLITAS

QUE OTROS PUEBLOS LLAMARON LAS PLÉYADES, O LOS SIETE

CABRITOS, PARA LOS MOCOVÍES SON LAPILALAGACHÍ

(EL ABUELO), QUE CUANDO BRILLAN FUERTE

PROMETEN BUENA COSECHA.

TODO ESTO CUENTAN AÚN HOY LOS MOCOVÍES

CUANDO SE SIENTAN ALREDEDOR DE LAS HOGUERAS,

BAJO LA INMENSIDAD DEL CIELO ESTRELLADO.

Aparecen en esta leyenda...

MATACO

Llamado *quirquincho bola*, tiene el cuerpo cubierto de escamas duras y puede arrollarse sobre sí mismo para protegerse. Mataco o *wichí* es, además, el nombre de un pueblo aborigen.

GUAZUNCHO

Se llama también *ciervo de los pantanos*. Es un animal en peligro de extinción. Como al quirquincho, los aborígenes lo cazaban para comer.

PLÉYADES

Grupo de estrellas que vemos al sur de Las Tres Marías, en primavera y verano. Se pueden contar hasta siete estrellas a simple vista. Algunos las llamaron *Los Siete Cabritos*; para los mocovíes eran *Lapilalagachí*, ***el abuelo***. Cuando se veían con claridad era señal de abundancia.

CARANCHO

Ave solitaria que se junta con otros carroñeros cuando hay algún animal muerto para alimentarse. Busca desperdicios en basurales y cerca de los caminos.

ALGARROBO Y PALO BORRACHO

Con las vainas del algarrobo los aborígenes preparaban comidas y bebidas. Vieron en una constelación la forma de este árbol.

Para algunos pueblos aborígenes, del palo borracho o *yuchán* surgieron las aguas y los peces. Para los mocovíes, una constelación dibujaba el tronco de un palo borracho.

Las Estrellas

No son como parecen

En las noches sin nubes vemos en el cielo muchos puntos luminosos. Son las estrellas, que parecen chiquitas pero nos engañan. Se trata de enormes bolas de gases ardiendo a temperaturas tan altas que producen brillo; tienen luz propia.

DÓNDE SE FORMAN

Las estrellas nacen de nubes de gases y polvo llamadas **nebulosas**. Cuando se separan, comienzan a brillar y viajan solas por el espacio.

GIGANTES Y ENANAS

Las estrellas más grandes se conocen como *gigantes* y son cientos de veces más grandes que el Sol. Las *enanas blancas* pueden ser cien veces más chicas que el Sol.

LAS MÁS LUMINOSAS

Sirio es la estrella más brillante. No está sola, una enana blanca gira a su alrededor. Los antiguos egipcios la veneraban porque anunciaba la crecida del río Nilo, que favorecía buenas cosechas.

LA MÁS CERCANA AL SOL

La estrella más cercana al Sol es **Alfa Centauro**. En realidad, está compuesta por tres estrellas que giran alrededor de un centro.

EL SOL ES UNA ESTRELLA

Es la más cercana a la Tierra; está a unos 150 millones de kilómetros de distancia. Parece mucho, pero en el espacio las distancias son enormes.

Como todas las estrellas, es una bola de gas muy caliente. La Tierra gira alrededor de esta estrella que le da luz y calor, necesarios para la vida.

Las **ESTRELLAS FUGACES** o estrellas que caen son pequeños trozos de roca diseminados por el espacio que caen a la Tierra a gran velocidad. Cuando chocan contra la atmósfera terrestre, el roce con el aire hace que se quemen, provocando un trazo luminoso que dura poco tiempo.

CANOPUS es la segunda estrella más brillante y la que mejor se observa desde el hemisferio sur. Es más grande que el Sol. Se utiliza muchas veces como punto de referencia para la orientación de las naves espaciales.

Para mirar las Estrellas

Todos podemos observarlas,
Pero allí donde nuestros ojos no alcanzan a ver, llegan los instrumentos que inventaron los científicos.

Astrolabio

Instrumento astronómico que durante siglos sirvió a los navegantes para orientarse. Se cree que lo inventaron los griegos. Lo usaban los árabes cuando viajaban por los desiertos.

Telescopio

Instrumento que recoge la luz proveniente de un objeto lejano y amplía la imagen. El astrónomo italiano Galileo Galilei inventó en 1609 el telescopio, que le permitió hacer importantes descubrimientos astronómicos. Años después el inglés Isaac Newton construyó un modelo más avanzado.

Observatorios astronómicos

Centros de investigación que poseen telescopios inmensos de gran alcance. Se construyen lejos de las ciudades, para que las luces no impidan observar el cielo. Desde los observatorios se toman fotos de las estrellas.

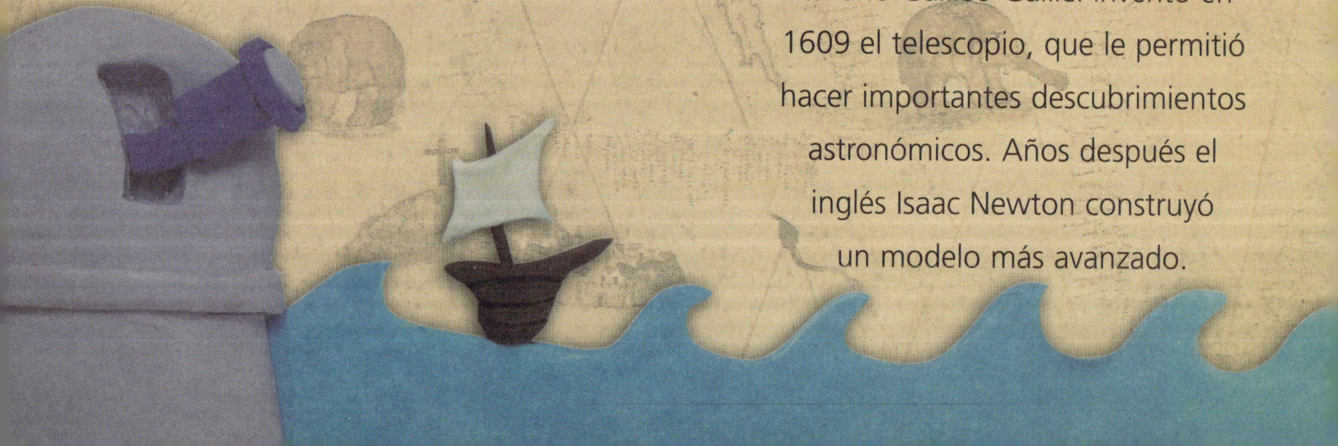

LAS GALAXIAS

Son gigantescos conjuntos de estrellas, gas y polvo interestelar. Las estrellas que nos parecen cercanas unas a las otras están en realidad muy separadas. Las galaxias pueden tener distintas formas:

ELÍPTICA

TELESCOPIO ESPACIAL

El *Hubble* es un satélite artificial lanzado al espacio en 1990. Lleva cámaras que han tomado imágenes de la formación de estrellas y de galaxias desconocidas. El poderoso espejo de su telescopio mide casi dos metros y medio de diámetro.

EN ESPIRAL

Las más abundantes son las galaxias en espiral, con un núcleo central muy brillante del cual salen brazos formados por estrellas y nubes de gas y polvo.

Nuestra Galaxia

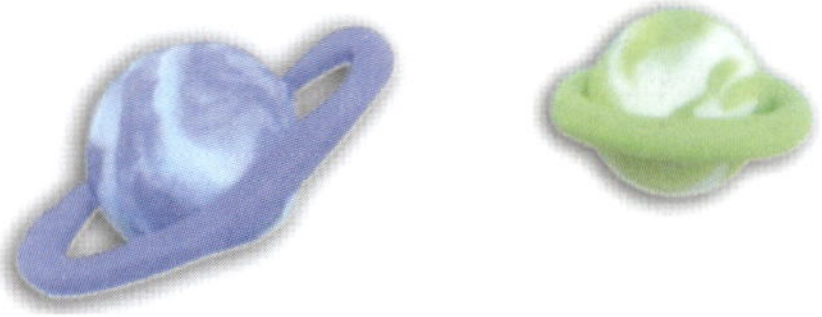

Vía Láctea vista desde arriba.

El Universo está poblado de galaxias. La nuestra se llama **Vía Láctea**. Su centro es un conjunto de millones de estrellas de donde salen varios brazos formando una espiral de estrellas. Estos brazos giran sin parar en torno de su centro. En uno de ellos están el Sol y los planetas que giran a su alrededor, como la Tierra, que tarda 250 millones de años en dar una vuelta completa alrededor de la Vía Láctea.

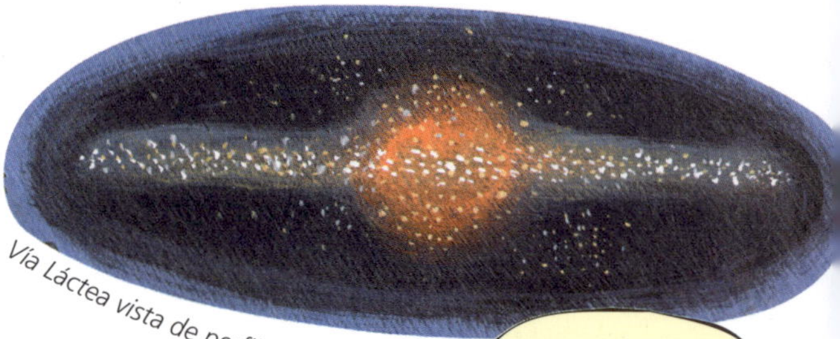

Vía Láctea vista de perfil.

¿Vemos la Vía Láctea?

En noches despejadas, lejos de las luces de la ciudad, podemos ver unas 2.500 estrellas. Muchas forman una franja o camino que atraviesa el cielo, entre la Cruz del Sur y la estrella Sirio. Es parte de la Vía Láctea, vista de costado. La vemos porque la Tierra está en uno de los brazos de esa gigantesca espiral.

Las Constelaciones

Así como en la leyenda los mocovíes imaginaban un algarrobo y un palo borracho dibujados por las estrellas, otras culturas han creído ver diversos dibujos en el cielo: Orión, la Cruz del Sur, Centauro... Las llamaron **constelaciones**.

ORIÓN

EL ALGARROBO

LA CRUZ DEL SUR

Hernando de Magallanes fue el primero en ponerle el nombre de Cruz del Sur a esta constelación.

En este antiguo dibujo de Johann Bayer se ve el Centauro, con la Cruz del Sur entre sus patas, y junto al Centauro, el Lobo. Para la mitología griega, el Centauro tiene cuerpo de caballo y torso, brazos y cabeza de hombre.

De la Historia

Las estrellas ayudaron al hombre a orientarse en sus viajes y a calcular el paso del tiempo. Antes de que llegaran los conquistadores, los aborígenes estudiaron los misterios del cielo.

Los mayas

Eran hábiles agricultores. Necesitaban saber cuándo sembrar y cuándo cosechar. Descubrieron que el paso del tiempo tenía relación con los astros. Estudiaron las estrellas y crearon un calendario solar. Usaron algunas pirámides como observatorios astronómicos.

Los aztecas

Observaron los movimientos de los astros, los eclipses de sol y de luna, agruparon las estrellas en constelaciones e inventaron un calendario, basándose en el de los mayas, que es conocido como **Piedra del Sol**.

Los incas

Eran muy religiosos, le rendían culto a Inti, el Sol. En la ciudad de Machu Picchu se conserva el **Intihuatana**, observatorio astronómico desde donde los incas pudieron estudiar los movimientos del Sol y fabricar un reloj solar.

Mapuches, charrúas, tobas, matacos y otros pueblos de América del Sur también realizaron estudios de astronomía.

Los Mocovíes

En el gran monte chaqueño eran vecinos de tobas, pilagaes, abipones y otros pueblos. Todos formaban la familia de los *guaycurúes*. Muchas veces peleaban entre ellos para defender sus territorios.

Los mocovíes se llamaban a sí mismos mokoit.

PINTARSE LA CARA...

y el cuerpo era una costumbre antes de ir a la guerra y para las ceremonias. También se hacían tatuajes, sobre todo las mujeres de la familia de un guerrero.

BIEN ALIMENTADOS

Juntaban frutos de algarrobo, mistol, chañar y brotes de palmera. Recolectaban miel y cazaban yaguaretés, venados, tapires, quirquinchos. Sólo comían pescado si no había otro alimento. En cambio una invasión de langostas era bien recibida. Las comían asadas o en sopa.

LOS MOCOVÍES HOY

Con los abipones fueron los últimos en entrar en contacto con los españoles. Después de siglos de guerra quedaron pequeños grupos del gran pueblo mocoví que sobreviven en la pobreza, en las provincias de Chaco y Santa Fe.

DEL FOLKLORE

DICHOS

Tratar de alcanzar las estrellas: querer lograr lo imposible.

Ver las estrellas: sentir un dolor muy fuerte.

Tener buena estrella: ser afortunado, tener buena suerte.

ADIVINANZAS

Siempre quietas,
siempre inquietas,
dormidas de día
de noche despiertas.

Las estrellas

CREENCIAS

Cuando vemos una estrella fugaz, tenemos que pensar tres deseos y seguro que se cumplirán.

COPLAS

Las estrellas del cielo
son ciento doce;
con las dos de tu cara,
ciento catorce.

VILLANCICOS

Ahí viene la vaca
Por el callejón
Juntando florcitas
Para el Niño Dios.
Adiós mi niñito,
Boquita 'e coral,
Ojitos de estrella
Que alumbran el mar.

. . . . . .

En el portal de Belén
Hay estrellas, sol y luna,
La Virgen y San José
Y el Niño que está en la cuna.

TRADICIONES

En Sudamérica se preparan para la Nochebuena los pesebres o nacimientos. Sobre el retablo se coloca la estrella que guió a los Reyes Magos hasta Belén para llevar sus ofrendas al Niño Jesús.

De otros libros

MARTÍN FIERRO

Yo no tengo en el amor
Quien me venga con querellas.
Como esas aves tan bellas
Que saltan de rama en rama
Yo hago en el trébol mi cama
Y me cubren las estrellas.

José Hernández

EL PRINCIPITO

–Por la noche mirarás las estrellas. No te puedo mostrar dónde se encuentra la mía, porque mi país es muy pequeño. Será mejor así. Mi estrella será para ti una de las estrellas. Entonces te agradará mirar todas las estrellas… Todas serán tus amigas. Y además te voy a hacer un regalo…

Volvió a reír.

–Ah, hombrecito, hombrecito… ¡Me gusta oír tu risa!

. . . .

–Cuando mires el cielo, por la noche, como yo habitaré en una de ellas, como yo reiré en una de ellas, será para ti como si rieran todas las estrellas. ¡Tú tendrás estrellas que saben reír!

Antoine de Saint-Exupéry

LA NIÑA QUE ILUMINÓ LA NOCHE

–Yo te presentaré a la Noche –dijo Negra–. Y ustedes serán amigos.

Ella apagó la luz de la entrada.

Ves –le dijo–. No estoy apagando la luz. ¡No, de ningún modo! Simplemente estoy encendiendo la Noche.

Se la puede encender o apagar igual que una lámpara, con la misma llave de luz.

–Nunca se me había ocurrido eso –dijo el muchachito.

–Y cuando se enciende la Noche –dijo Negra–, por supuesto también se encienden los grillos…

¡Y las ranas!

¡Y las estrellas!

¡Las luminosas estrellas
las estrellas titilantes
las verdaderas estrellas
las estrellas azules!

Ray Bradbury

DE NOCHE

Una estrella
que cae
me mira
y pide tres deseos

¿qué hago?

dejo de mirarla
¿o me convierto en mago?

Canela

(De *Para cuando llueve*)

Estrellas en la Tierra y en el Mar

ESTRELLA DE MAR

ANÍS ESTRELLADO

COPO DE NIEVE

ESTRELLA FEDERAL

ESTRELLA ALPINA

LAS ESTRELLAS EN EL ARTE

Noche de verano en el Francis Park, óleo sobre tela, 120 x 100 cm.

El autor de este cuadro nació en 1960 en San Juan, Argentina, en una ciudad situada muy cerca de la montaña. Su padre era pintor de brocha gorda, él es el segundo de siete hijos y quizá por eso su nombre es **Mario Segundo Pérez.** Dibuja desde chico, tan bien que en la escuela siempre le pedían que hiciera afiches y carteles. Ganó un concurso de murales y entonces decidió estudiar arte en la universidad. Sus obras hoy se exhiben y se admiran en el mundo, y algunas han sido premiadas. En todas habla de la tierra, del cielo y de la gente para decir lo que pasa en su corazón.

JUGAR A CREAR

SE NECESITA:

- Cortapastas con forma de estrellas
- Planchas de pionono
- Dulce de leche
- Lentejitas de chocolate
- Grana de colores
- Coco rallado

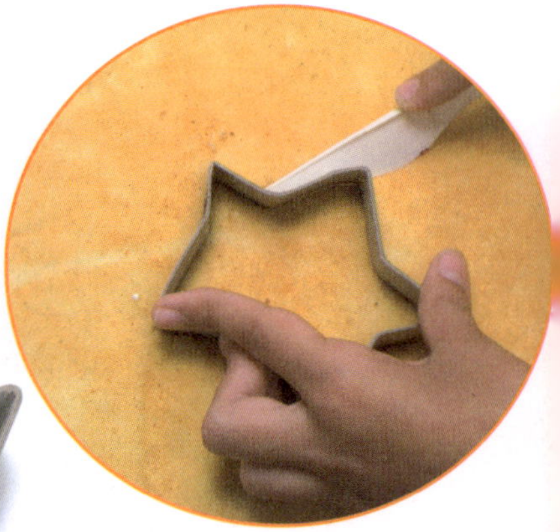

• ESTRELLAS DULCES

LA FAMILIA DE LOS GRUGRINS SE DESPIDE...

ÍNDICE

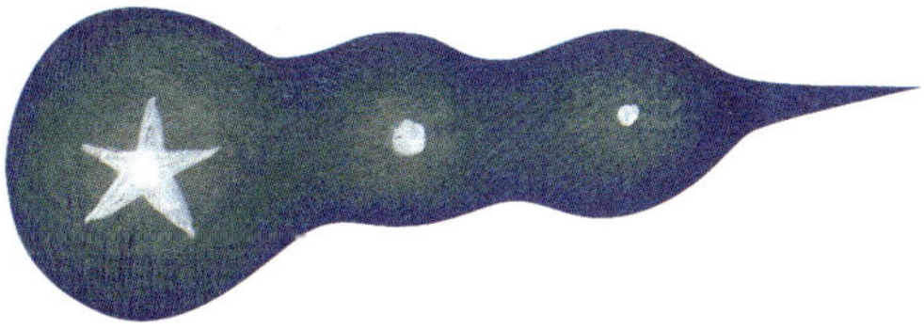

CUENTAMÉRICA NATURALEZA

OTROS TÍTULOS DE ESTA COLECCIÓN

- *La leyenda del hornero* / Canela - Marta Prada
- *La leyenda de la yerba mate* / Ana María Shua - Marta Prada
- *La leyenda del algarrobo* / Miguel Ángel Palermo - Marta Prada
- *La leyenda de la ballena* / Ema Wolf - Marta Prada
- *La leyenda de la piedra movediza* / Laura Devetach - Marta Prada
- *La leyenda de la vicuña* / Jorge Accame - Marta Prada
- *La leyenda del picaflor* / Silvia Schujer - Marta Prada
- *La leyenda del Salmón y el Martín Pescador* / Ricardo Mariño - Marta Prada
- *La leyenda del yaguareté* / Canela - Marta Prada
- *La leyenda del cóndor* / Elena Bossi - Marta Prada
- *La leyenda del pingüino* / Nelvy Bustamante - Marta Prada